JN162357

10歳からのお料理教室

季節のイベントレシピ

大瀬由生子

もくじ

春のイベントレシピ

夏のイベントレシピ

秋のイベントレシピ

料理をはじめる前に

料理を楽しく安全に行うために、大切な3つの約束があります。
料理をする前に必ず読んでおきましょう。

身じたくをととのえる

服がよごれないようにエプロンをつけ、そではまくっておきます。また、髪の毛が料理に入らないように三角きんをつけ、髪が長い場合は結びます。手は石けんでよく洗いましょう。

材料と道具を準備する

料理をはじめる前に、作りたい料理のレシピを必ず最後まで読んで作り方の順序を確認しましょう。使う道具を準備し、食材や調味料を計量しておきましょう。

片づけもしっかり行う

使った道具や皿はきれいに洗い、元の場所にもどしましょう。残った材料はラップで包んだり、容器などに入れて保存しましょう。

この本の使い方

★使う材料と分量です。作る前にきちんと計量しましょう。
※材料はそれぞれ作りやすい分量で表示しています。

★「よく使う道具」（6ページ参照）の中からレシピで使う道具をアイコンで表示しています。

★この本では12個のイベントを取りあげており、それぞれのイベントにまつわるお話を紹介しています。
※イベントスイーツではアレンジのアイデアを紹介しています。

★調理にかかる時間のめやすです。
※デコレーションの時間は省略しています。

★調理するときの基本的なポイントです。ここに記載されている内容はレシピ全体に関係するので、よく確認しましょう。

アイコン

けがややけどをしやすい作業のときは「けがに注意」「やけどに注意」のアイコンがついています。落ち着いて調理しましょう。火加減は「強火」「中火」「弱火」「止める」のアイコンをよく確認しましょう。

けがに注意

やけどに注意

止める

弱火

中火

強火

よく使う調味料

しょうゆや塩、砂糖など、
料理でよく使う調味料を紹介します。
それぞれの働きや使い方を知っておきましょう。

砂糖

あまみをつける調味料。この本では上白糖を使っています。上白糖は水分が多めできめ細かく水にとけやすいです。

塩

塩味をつける調味料。野菜の水分を取り除いたり、肉や魚に下味をつけたりするときにも使います。

酒

コクやうまみをつけたり、魚などのくさみをとる調味料。加熱してアルコールを飛ばすと、料理にあまみと風味がつきます。

しょうゆ

塩味やうまみをつける調味料。いためものや煮ものなど、幅広く活用できます。

薄力粉

小麦粉の種類のひとつで、グラタンのソースやクッキーの生地の材料として使います。

マヨネーズ

卵黄、油、酢を主な原料とした、とろみのあるドレッシングです。

サラダ油

食材をいためたりするときに使う油です。テフロン加工のフライパンを使うときは少量の油でOK。量が多いと油っぽく、カロリーも高くなるので気をつけましょう。

酢

酸味をつける調味料。酢には食欲をうながしたり、食材を傷みにくくする効果があります。

こしょう

からみと風味をつける調味料。少量使うだけでも味にアクセントがつきます。肉や魚のくさみを取るときにも使います。

バター

牛乳の乳脂肪分※を固めたもので、いためるときなどに油の代わりに使ったりします。

※乳脂肪分……牛乳から水分と無脂肪固形分（牛乳にふくまれるタンパク質やビタミン、ミネラル、炭水化物など）を取り除いたもの。

よく使う道具

料理でよく使う道具を紹介します。
それぞれの道具の名前と使い方を覚えて
楽しく安全に調理しましょう。

はかる道具

はかり

材料の重さをはかる道具。平らな場所に置き、容器の重さを引いてはかります。デジタルタイプのキッチンスケールは1gからはかれるのでおすすめ。

計量カップ

液体や粉類をはかる道具。平らな場所に置いてめもりを確認しながらはかりましょう。

計量スプーン

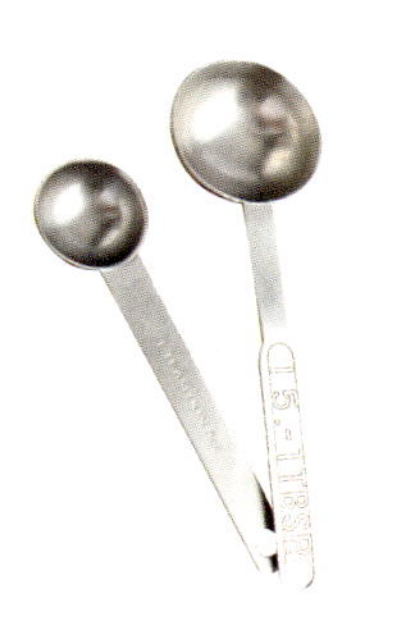

液体や粉類を少量はかる道具。一般的に、大さじ１は15cc、小さじ１は５ccです。はかるときは、大さじ１は表面を指ですり切り、大さじ1/2はスプーンの半分の量をめやすに入れます。

切る道具

包丁・まな板

まな板に食材を置き、包丁で切ります。包丁を使わないときは刃を向こう側にしてまな板に置きます。まな板は厚みがあるものがおすすめ。ぐらつかないように平らな場所に置きましょう。

キッチンバサミ

のりなど、包丁では切りにくい食材を切るときに便利な道具。丸や三角など、自由な形に切ることができます。

ピーラー

野菜の皮をむく道具。皮をむくときは野菜をしっかりおさえ、けがに十分注意して使いましょう。

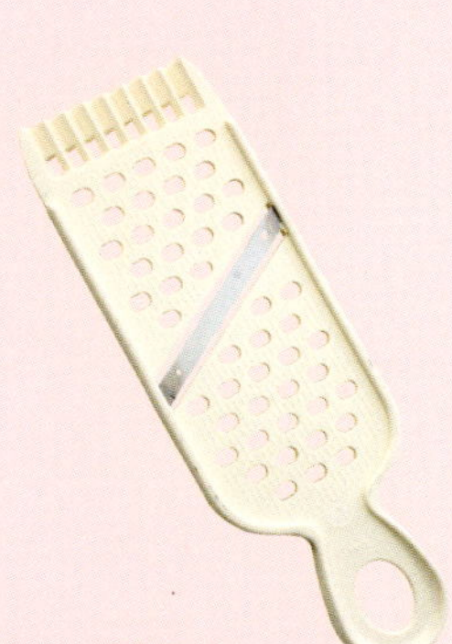

スライサー・おろし金

スライサーはうすく切るときに、おろし金はすりおろすときに使います。けがをしやすいので十分注意して使いましょう。

混ぜる道具

ボウル

混ぜるときに材料を入れる道具。大小のサイズがあると便利です。

木べら・ゴムベラ

木製の木べらはいためたりするとき、シリコン製のゴムベラはスイーツ作りで材料を混ぜるときに使います。

菜ばし

料理用の長いはし。混ぜたり、いためたり、盛りつけたりなど、料理でよく使います。

しゃもじ

ごはんをほぐすときに使う道具。表面がボコボコしているものは、ごはんがくっつかないので便利です。

泡立て器

生クリームや卵白などをふわふわに混ぜるときに使う道具。

加熱する道具

フライパン

いためるときに使う道具。テフロン加工のものは、こげつかないのでおすすめです。

なべ

ゆでたり、煮たりするときに使います。材料が多いときは両手なべ、少ないときは片手なべを使うとよいでしょう。

オーブン

キッシュやクッキーなどを焼くときに使います。焼く前に指定の温度に設定して温めておきます。

その他の道具

ザル

材料の水気を切るときに使います。

お玉

汁ものをすくうときに使います。

あみじゃくし

煮こんだときに出るあくを取り除くときに使います。

バット

冷ましたり、切った材料を置くときに使います。

ラップ

材料を包んだり、おにぎりを作るときに使う透明のシートです。

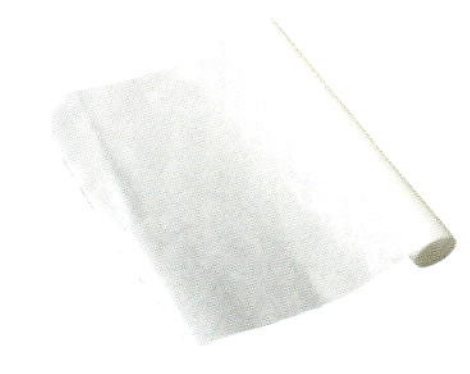

クッキングシート

オーブンで焼くときに天板にしく紙製のシートです。

電子レンジ

材料を加熱するときに使う道具。電子レンジを使うときは、耐熱性の容器や皿に材料を入れましょう。

※この本では600Wの電子レンジを使っています。

オーブントースター

グラタンなど、すでに火を通しているものの表面にこげめをつけたりするときに使います。

※この本では1000Wのオーブントースターを使っています。

めん棒

生地をのばしたり、材料をつぶしたりするときに使います。

キッチンタイマー

めんなどを指定の時間でゆでるときに時間をはかる道具。

保存ぶくろ

肉をタレにつけたり、材料を保存したりするときに使うふくろ。ジッパーつきなら、空気をぬいて口がしっかり閉じれるのでおすすめ。

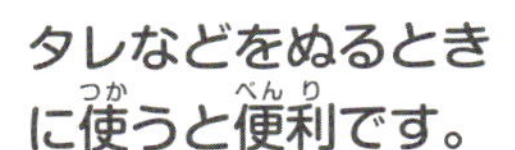

ハケ

タレなどをぬるときに使うと便利です。

巻きす

太巻きをしっかり巻くための道具。

粉ふるい

粉類をふるう道具。ふるうことで粉がきめ細かくなり、なめらかにしあがります。

基本の用語と作業

レシピによく出てくる用語と作業を紹介します。
包丁の正しい使い方もいっしょに覚えましょう。

包丁の使い方

包丁は柄の部分を手のひらでにぎりしめず、指先で持ちましょう。

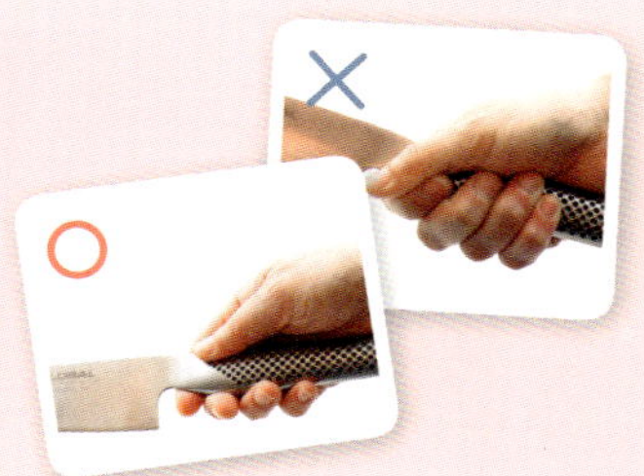

切る食材をおさえる手は、指を切らないようにしっかり丸めます。

材料の切り方

せん切りにする

1～2㎜くらいの幅で細く切ること。

うす切りにする

1～3㎜くらいの幅でうすく切ること。スライサーを使う場合もあります。

小口切りにする

長ねぎなど、細長いものを端から切ること。

等分に切る

同じ大きさになるように切りわけること。

いちょう切りにする

いちょうのような形に切ること。5㎜くらいの厚さに切ったら、1切れを十字に切ります。

○cm幅に切る・○cm角に切る

○cm幅は指定の長さで切ります。○cm角はタテと横を指定の長さで正方形に切ります。

調理中の作業

水気を切る・汁気を切る

材料をザルに入れたり、手でギュッとしぼって水分や汁を取り除くこと。

ザルにあける

水などにさらしたり、ゆでたりした材料をザルに移し入れること。

ゆでる

なべにたっぷりの水を入れて沸騰させ、食材を入れてやわらかくなるまで加熱すること。

いためる

フライパンやなべを使い、食材を菜ばしなどで混ぜながら加熱すること。

等分にする

２等分なら２つ、４等分なら４つに、すべて同じ量になるようにわけること。

あくぬきする

あくの多い野菜を水などにさらして、あくを取り除くこと。

しんなりする

塩をふったり、加熱することで、野菜がやわらかくしなやかな状態になること。

煮る・煮こむ

食材を水や調味料といっしょになべに入れ、食材がやわらかく味がしみこむまで加熱すること。

白ごはんのたき方

毎日の食事にかかせない主食のひとつ、白ごはんの基本のたき方を紹介します。

※ここでは白米２合の場合のたき方を紹介しています。

スタート

1

白米１合(180cc)をすり切りにしてはかる。

カップに白米を入れたら指を横にスライドさせて表面を平らにします。

2

白米２合をボウルに入れ、約２倍の量の水をそそぎ、ひと混ぜして水を捨てる。

最初の水は米についているぬかがたくさん出るのですぐ捨てましょう。

3

片手で米をにぎりこむようにしてつかんでとぐ。

手のひらを広げ、親指のつけ根でおさえつけるようにとぎます。

4

③を10回ほどくり返して水をそそぎ、ひと混ぜしたらザルにあけて水を捨てる。

そそいだ水がほとんどにごらず、米がよく見えるようになればOK。

5

米を炊飯釜に入れて平らな場所に置き、２合のめもりまで水をそそぎ、そのまましばらく置く。

夏は30分、冬は１時間くらい置きましょう。

6

炊飯器のふたを閉め、スイッチをおしてたく。

7

やけどに注意

たきあがったらふたを開け、水でぬらしたしゃもじをごはんと炊飯釜の間に入れてぐるりと１周する。

ゴール

8

やけどに注意

しゃもじで底からひっくり返すようにごはんをほぐす。

保護者のみなさまへ

ひな祭りの美しいちらし寿司、節分で歳の数だけ食べた豆、お彼岸に母と並んで作ったおはぎなど、子どもの頃に体験した行事のできごとは大人になった今でも心が温まる、すばらしい思い出です。

日本の伝統行事は季節や風土が反映されたものが多く、自然の摂理にかなっており、長い歴史の中で培われた先人達の知恵です。その知恵は、生活にメリハリをつけ、健康に役立ち、心豊かに暮らすことを教えてくれました。そして、行事には必ず食が備わり、家族や仲間と一緒に食べる共食の習わしがあったのです。

しかし、核家族化によって、また、日々の忙しさにまぎれ、家族みんなで食卓を囲む時間が少なくなり、孤食が増加し、生活から文化や情緒までもが消えつつあります。だからこそ、「節句」や「行事」を意識して取り入れ、四季の変化を感じ、家族との絆が深まる行事を通じて、子ども達の感性が育ってほしいと思っています。

また、行事を子どもに伝えていくことは、伝統文化の伝承につながります。特に、日本の伝統行事は、さらにグローバル化する現代の中で未来を担う子ども達の、日本人としてのアイデンティティのひとつになることでしょう。

本書では、子どもが興味を持てるように、行事を象徴するデコレーションで飾った料理を紹介していますので、ぜひ、お子さまと楽しみながら作ってみてください。一緒に調理される際は、行事のいわれを子どもに話すことも大切です。行事のいわれから、人間が自然と共存しながら生きていることを子ども達は感じてくれるでしょう。

好き嫌いが多い、食が細い子どもも、自分で作れば食への興味が自然とわいてきます。何より、できあがった料理を一緒に食べる時間は、いちばんのごちそうです。大人になったとき、食の温かい思い出を持っている子どもは、人を愛する気持ちも備わっていることでしょう。

家族との行事を楽しむことで、子ども達の心が育つことを願っています。

料理研究家・大瀬由生子

春レシピ
夏レシピ
秋レシピ
冬レシピ
イベントスイーツ

春のイベントレシピ

ひな祭りのちらしずし

ひしもちに見立てた３色ごはんに
卵やイクラなどでデコレーションした、
カラフルではなやかなおすしメニュー。

調理時間
40分
※炊飯時間を除く

材料（2人分）

白ごはん……………… 420g
※白ごはんのたき方は12ページ参照。

Ⓐ
- 酢………………… 大さじ2～3
- 砂糖……………… 大さじ1
- 塩………………… 小さじ1/2

青のり……………… 小さじ1
桜でんぶ…………… 小さじ2～3
絹さや……………… 4枚
ブロッコリー……… 2ふさ
卵…………………… 1個

Ⓑ
- 砂糖……………… 小さじ1/2
- 塩………………… 少々

サラダ油…………… 少々
スモークサーモン…… 2切れ
イクラ……………… 大さじ2

使う道具

はかり

計量スプーン

ボウル

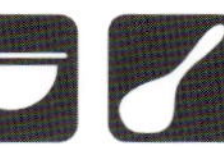
しゃもじ

片手なべ

菜ばし

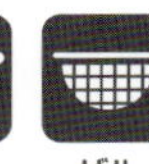
ザル

包丁

まな板

フライパン

キッチンバサミ

ラップ

イベントのおはなし

3月3日の「ひな祭り」は、女の子の健やかな成長をいのる日本の年中行事。「桃の節句」とも呼ばれ、ひな人形をかざったり、桃の花をそなえたり、ちらしずしや3色のひしもち、ハマグリのお吸いものを食べる習慣があります。

〈調理の基本 ①〉
ふみ台で調理台の高さを調整しよう

調理台が高いと、切ったり混ぜたりなどの作業が不便になります。作業するときに手が自分の腰の位置にくるのがベスト。ふみ台を用意して調理しやすい環境にしましょう。

春レシピ
夏レシピ
秋レシピ
冬レシピ
イベントスイーツ

スタート

1

ボウルにⒶの材料を入れ、よく混ぜる。

2

別のボウルにたきたての白ごはんを入れ、①をまわし入れ、しゃもじで切るように手早く混ぜる。

やけどに注意

ごはんはたきたての方がすし酢の味がまんべんなく混ざります。ときどきうちわであおぎながら混ぜましょう。

3

緑色のごはんを作る。ボウルに②を140g入れ、青のりを加えてよく混ぜる。

4

ピンク色のごはんを作る。別のボウルに②を140g入れ、桜でんぶを加えてよく混ぜる。

5

絹さやはヘタを折って下に引っ張り、筋を取り除く。

6

なべにたっぷりの水（分量外）を入れて強火にかける。

やけどに注意

7

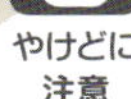
やけどに注意

けがに注意

沸騰したら中火にして5、ブロッコリーを入れてさっとゆでる。ザルにあけて水気を切り、絹さやはせん切りにする。

8

いり卵を作る。ボウルに卵を割り入れてときほぐし、Bを加えてよく混ぜる。

9

フライパンにサラダ油を入れて中火にかけ、温まったら8を流し入れる。

やけどに注意

10

菜ばしでかき混ぜながら加熱する。卵が固まってきたら火を止めてさらにかき混ぜる。

やけどに注意

11

高さ4㎝の筒状に切った牛乳パックを1個用意し、内側を水でぬらし、ひし形にととのえて皿に置く。

けがに注意

牛乳パックは上から4㎝のところに印をつけてキッチンバサミで切りましょう。

12

⑪に③を70g入れ、ラップをのせて上からおさえて平らにする。

ごはんを入れたら上からしっかりおさえて次のごはんを入れると形がくずれず、きれいな3色の層ができます。

13

次に②を70g入れ、再びラップをのせ、上からおさえて平らにする。

14

最後に④を70g入れ、再びラップをのせ、上からおさえて平らにする。

牛乳パックをはずして水で洗い、別の皿にのせて同じように3色ごはんをもう1個作りましょう。

ゴール！

15

いり卵、スモークサーモン、ブロッコリー、イクラ、絹さやでデコレーションする。

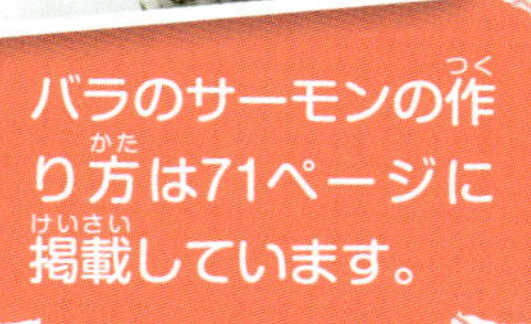

バラのサーモンの作り方は71ページに掲載しています。

お花見の手まりおにぎり

桜の花を散りばめた、
かわいい見た目の手まり風おにぎり。
お弁当箱にたくさんつめて
お花見に出かけよう♪

調理時間
30分
※炊飯時間を除く

材料（6個分）

白ごはん……………………420g
※白ごはんのたき方は12ページ参照。
塩…………………………小さじ1/2
梅干し……………………2個
たらこ（焼いたもの）…4㎝くらい
昆布つくだに……………小さじ1
焼きのり…………………1枚
ロースハム………………2枚
白いりごま………………適量

〈調理の基本 ②〉

切るときは調理台から10㎝くらいはなれよう

まな板は、おなかから10㎝くらいはなれたところにくるように調理台に置きます。また、包丁を持つ手と同じ側の足を少し引いて立つと切りやすくなります。

使う道具

はかり

計量スプーン

ボウル

しゃもじ

ラップ

包丁

まな板

キッチンバサミ

イベントのおはなし

桜の花を見に行く春の行事「お花見」。桜は昔から日本人にとって特別な花としてしたわれており、江戸時代には現代のように、桜を見ながら宴会を開いていたそうです。また、お花見は豊作を願う行事として、農民の間でも行われていました。

スタート

1

ボウルに白ごはんと塩を入れてよく混ぜ、ラップをしいた茶わんに70g（1個分）を入れる。

ごはんがたきたての場合は熱いので、手でさわれるぐらいまで少し冷ましてから入れるとよいでしょう。

2

1のごはんの中央にくぼみを少し作り、梅干しを1個入れる。

ラップで包めば、丸いおにぎりが簡単にきれいに作れます。

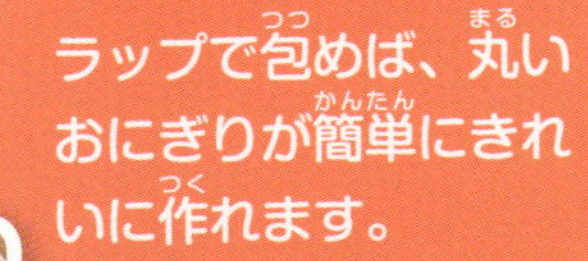

3

2のごはんをラップごと手にのせ、梅干しをうめるようにごはんを寄せてラップで包み、丸いおにぎりを作る。同じようにもう1個作る。

4

たらこを半分に切り、①〜③と同じように、ごはんの中に1切れずつ入れて丸いおにぎりを2個作る。

けがに注意

5

①〜③と同じように、昆布つくだにをごはんの中に半量ずつ入れて丸いおにぎりを2個作る。

6

焼きのりを二つ折りにして切るのがおすすめ。

キッチンバサミを使い、焼きのりを8㎜幅に細長く切る。これを18枚用意する。

けがに注意

7

③〜⑤のおにぎりに⑥を3枚ずつ放射状にのせて巻く。

のり3枚がおにぎりの上で交差するように巻きましょう。

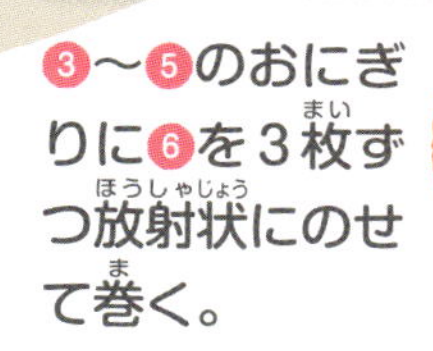

ゴール！

8

ロースハムを桜の形にぬいて7ののりの交差部分にのせ、白いりごまをのせる。

白いりごまはピンセットを使うとのせやすいです。

応用レシピ

カラフルおにぎり

ごはんにいろいろな具を混ぜこめば、
さらにカラフルで楽しいおにぎりになります。

梅干しの種を取り除き、刻んでごはんに混ぜこむと赤色のおにぎりに。

たくあんを刻んでごはんに混ぜこむと黄色のおにぎりに。

冷凍の枝豆を解凍し、さやから出してごはんに混ぜこむと緑色のおにぎりに。

春レシピ
夏レシピ
秋レシピ
冬レシピ
イベントスイーツ

イースターのほうれん草キッシュ

卵をたっぷり使ったほうれん草のキッシュ。
冷凍のパイシートを使えば、とても簡単！
濃厚とろ〜りチーズもおいしい♪

調理時間
65分
※生地を休ませる時間を除く

材料（直径18cm高さ2cmタルト型1台分）

冷凍パイシート（市販）…1と1/2枚（150g）
サラダ油……………………少々
ほうれん草…………………1/2束
ベーコン……………………3枚
バター………………………大さじ1
塩、こしょう………………各適量
Ⓐ 卵……………………2個
Ⓐ 牛乳…………………200cc
Ⓐ 塩、こしょう………各少々
ピザ用チーズ………………50g
ミニトマト…………………7個

使う道具

はかり

計量カップ
計量スプーン

クッキングシート

キッチンバサミ

めん棒

ラップ

包丁

まな板

フライパン

菜ばし

ボウル
泡立て器

お玉

オーブン

イベントのおはなし

「イースター」とは日本語で「復活祭」という意味で、キリストが生き返って神様になったことをお祝いする日です。春分の日以降の最初の満月の次の日曜日がイースターで、カラフルに色づけされた卵をおとながかくして、それを子どもが探し出す「エッグハント」という遊びをしたり、卵料理を食べたりします。

クッキングシートに型の底を当て、ペンなどでなぞってから切りましょう。

スタート

1 タルト型にサラダ油を入れ、指で全体にうすくぬる。

2 クッキングシートを型に合わせてキッチンバサミで切り、❶にしく。

春レシピ
夏レシピ
秋レシピ
冬レシピ
イベントスイーツ

3

冷凍パイシートを室温にもどし、1枚と1/2枚を少し重ねたら、めん棒で25㎝角にのばす。

「室温にもどす」とは、冷凍して固まった材料を部屋と同じ温度にしてやわらかくすること。

4

②に③を入れて手でおさえながらしきつめ、型からはみ出た生地を取り除く。

5

④にラップをして、冷蔵庫に入れて1時間休ませる。

6

ほうれん草は根元を切り落として3㎝の長さに切る。

けがに注意

7

ベーコンは3㎝幅に切る。

けがに注意

8

フライパンにバターを入れて中火にかけ、バターがとけたら⑦を入れていためる。

やけどに注意

9

ベーコンに火が通ったら⑥を加えていためる。

やけどに注意

10

やけどに注意

塩、こしょうをふって軽く混ぜたら火を止め、いったん皿に取り出す。

皿に取り出すとき、汁が入らないように注意しましょう。

11

ボウルにⒶの材料を入れ、泡立て器でよく混ぜる。

12

❺を冷蔵庫から取り出し、フォークで底に穴をあける。

13

⓬に❿を入れ、ピザ用チーズをのせる。

14

ミニトマトのヘタを取り除いて⓭にのせ、⓫をそそぐ。

15

⓮を天板にのせ、180℃に温めておいたオーブンで35～40分焼く。

16

焼きあがったら手でさわれるぐらいまで冷まし、型からキッシュを取り出す。

型の底を指でおしあげて取り出しましょう。

こいのぼりのスパムおにぎり

調理時間 40分
※炊飯時間を除く

ランチョンミートをこいのぼりに見立てた、
こどもの日にぴったりのおにぎり。
こいのぼりは、のりやチーズをはるだけだから簡単！

材料（8個分）

ポークランチョンミート（缶づめ）……1缶（340g）
焼きのり……1枚
白ごはん……640g
※白ごはんのたき方は12ページ参照。
マヨネーズ（好みで）……適量
スライスチーズ……1枚

使う道具

 はかり
 包丁
 まな板
 フライパン
 菜ばし
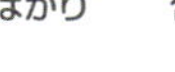
 キッチンバサミ
 ボウル
 しゃもじ
 ラップ

〈調理の基本③〉

火加減のめやすを覚えよう

火加減には「弱火」「中火」「強火」があります。レシピの火加減とアイコンをよく確認して作りましょう。火をつけるときは、まわりに何もないことを必ず確認し、おとなといっしょに行いましょう。

弱火のめやす　なべなどに火が当たらないくらいの強さで、こげやすいものを焼くときやじっくり煮こむときの火加減。

中火のめやす　なべなどに火が軽く当たるくらいの強さで、料理をするときの基本的な火加減。

強火のめやす　なべなどにしっかり火が当たる強さで、肉を焼くときや湯をわかすときの火加減。

イベントのおはなし

5月5日の「こどもの日」は国民の祝日のひとつ。「端午の節句」とも呼ばれ、男の子が強くたくましく成長して立身出世することを願い、こいのぼりをかざる習慣があります。現在では男女関係なく、「こどもの人格を重んじ、こどもの幸福をはかるとともに、母に感謝する日」として制定されています。

スタート

1 ポークランチョンミートを8等分に切る。

けがに注意

2

フライパンを中火にかけ、温まったら❶を入れ、表面に焼き目がつくまで焼く。

やけどに注意

片面が焼けたらひっくり返して反対側も焼きましょう。

3

やけどに注意

けがに注意

焼きあがったら、❷の片端を三角に切ってこいのぼりの形にする。

4

キッチンバサミを使い、焼きのりを1㎝幅に細長く切る。これを8枚用意する。

けがに注意

5

ボウルに白ごはんを入れて8等分にし、それぞれラップで包んで俵型のおにぎりを作る。

ラップを使うと俵型のおにぎりがきれいに作れます。ごはんがたきたての場合は、やけどに注意しましょう。

6
⑤のごはんの上に好みでマヨネーズをぬる。
7
⑥に③をのせ、④を1枚ずつ巻く。
8
残った焼きのりをのり用パンチなどでぬき、⑦にのせてうろこを作る。
のりをのせるとき、ピンセットを使うのがおすすめ。
9
太めのストローでスライスチーズを丸い形にぬく。これを8枚用意する。
ゴール！
10
⑨、のり用パンチなどでぬいた焼きのりを⑧にのせて目玉を作る。

母の日＆父の日のカレーライス

母の日にはお母さんに、
父の日にはお父さんに向けて、
ありがとうの気持ちをこめた
カレーライスを作ってみましょう♪

調理時間
45分
※炊飯時間を除く

材料（4人分）

玉ねぎ………………… 1個（200g）
にんじん……………… 1/2本（100g）
じゃがいも…………… 2個
豚バラうす切り肉…… 200g
サラダ油……………… 小さじ1
水……………………… 500cc
カレールー（市販）… 100g
白ごはん……………… 600g

※白ごはんのたき方は12ページ参照。

●母の日用のデコレーション

焼きのり……………… 1/4枚
ロースハム…………… 1/2枚

●父の日用のデコレーション

焼きのり……………… 1/4枚

使う道具

はかり

計量カップ

計量スプーン

包丁

まな板

ピーラー

ボウル

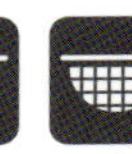
ザル

両手なべ

菜ばし

あみじゃくし

お玉

しゃもじ

〈調理の基本 4〉

なべのふたは向こう側から開けよう

なべのふたを開けるときは、蒸気が顔にかからないように、向こう側から開けましょう。

あくを取るのがおいしくしあがるコツ

カレーなど、材料を煮こんだときに出てくる白い泡を「あく」と呼びます。あくをあみじゃくしなどですくい取れば、汁がにごらず、すっきりとした味にしあがります。あくは全部取れなくてもOK。

イベントのおはなし

「母の日」は5月の第2日曜日、「父の日」は6月の第3日曜日で、お母さんまたはお父さんに「いつもありがとう」と、感謝の気持ちを伝える日。母の日にはカーネーションの花を、父の日にはバラの花をプレゼントすることもあります。

1 玉ねぎは皮をむいて7㎜幅に切る。にんじんはピーラーで皮をむいていちょう切りにする。

2 じゃがいもはピーラーで皮をむいて8等分に切り、水にさらしてあくをぬき、ザルにあけて水気を切る。

3 豚バラうす切り肉は5㎝幅に切る。

4 なべにサラダ油を入れて中火にかけ、温まったら3を入れていためる。

5

肉に火が通ったら、玉ねぎを加えていためる。

6

玉ねぎの色がすき通ってきたら、しんなりしているめやす。

玉ねぎがしんなりしたら、にんじん、じゃがいもを加えていためる。

7

分量の水を加え、野菜に火が通るまで煮る。

8

じゃがいもとにんじんがやわらかくなったら火を止め、カレールーを割って加え、お玉などで混ぜながらとかす。

9

なべの底にこげつかないようにゆっくり混ぜながら煮こみましょう。

再び火をつけ、弱火でとろみがつくまで煮こむ。

やけどに注意

10

器などに白ごはんを150g（1人分）入れ、皿などにひっくり返して盛る。同じように、あと3人分作る。

11

焼きのりをのり用パンチなどでぬき、⑩のごはんにのせて顔を作る。

母の日の場合は、丸い形にぬいたロースハムでほっぺたを作りましょう。

12

⑪のごはんのまわりに⑨を入れる。

七夕のカラフルそうめん

調理時間 30分

うずら卵の織姫さまと彦星さまに
星の形の野菜を合わせた、にぎやかなそうめん。
カップに盛りつければかわいさもアップ♪

春レシピ
夏レシピ
秋レシピ
冬レシピ
イベントスイーツ

材料（2人分）

そうめん（乾めん）	2束
オクラ	2本
ミニトマト	8個
黄パプリカ	1/4個
うずら卵（水煮）	4個
焼きのり	1/2枚
黒いりごま	少々
桜でんぶ（織姫用）	少々
リーフレタス	1枚
ロースハム	2枚
めんつゆ（3倍濃縮タイプ）	100cc
水	150cc

使う道具

計量カップ

片手なべ

菜ばし

キッチンタイマー

ザル

ボウル

包丁
まな板

イベントのおはなし

7月7日の「七夕」は、織姫さまと彦星さまが1年に一度、天の川をわたって会える日とされています。七夕の日には、短冊に願いごとを書いて笹に結んでかざったり、無病息災を願ってそうめんを食べる習慣があります。また、そうめんを織姫さまの糸に見立てて「芸事（機織り）が上手になるように」と願ったりもします。

〈調理の基本 5〉
めんをゆでるときはキッチンタイマーを使おう

そうめんやうどんなど、めんをゆでるとき、キッチンタイマーを使えばゆですぎが防げます。パッケージに表示されている指定のゆで時間よりも1分早めに設定するのがポイント。

スタート

1 なべにたっぷりの水（分量外）を入れて強火にかける。

やけどに注意

2

沸騰したら中火にしてそうめんを入れ、指定のゆで時間でゆでる。

やけどに注意

パッケージに表示された指定のゆで時間より1分早めにタイマーを設定しましょう。

3

ザルにあけるときは、ゆで汁の飛びはねに注意しましょう。

ゆであがったらそうめんをザルにあけ、水にさらしてぬめりを取る。

やけどに注意

4

再びなべにたっぷりの水（分量外）を入れて強火にかけ、沸騰したら中火にし、オクラを入れてさっとゆでる。ザルにあけて水気を切り、ヘタを切り落として小口切りにする。

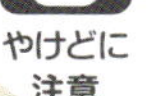

5

ミニトマトはヘタを取り除いて半分に切る。パプリカは星の形に2枚ぬく。

6

カップ2個にそれぞれそうめん1/4量、ミニトマト半量、オクラ半量、そうめん1/4量の順につめる。

7

うずら卵に、のり用パンチなどでぬいた焼きのり、黒いりごまをつけて顔を作り、ピックをさす。

織姫は桜でんぶでほっぺたを作りましょう。織姫＆彦星のくわしい作り方は70ページに掲載しています。

ゴール！

8

リーフレタス、パプリカ、残りのミニトマトとオクラ、⑦、ロースハムでデコレーションする。めんつゆと分量の水を混ぜ、かけて食べる。

バラのハムの作り方は71ページに掲載しています。

十五夜の月見うどん

つるんとした食感がおいしいうどんメニュー。
お月さまのような黄色い卵と、
もみじを入れたかまぼこがお月見にぴったり♪

調理時間
20分

材料（2人分）

- 長ねぎ……………………………5cmくらい
- かまぼこ…………………………2cmくらい
- にんじん…………………………2cmくらい
- 塩…………………………………少々
- ほうれん草………………………1/4束
- 水…………………………………700cc
- 白だし（昆布つゆのもの）……100cc
- うどん（ゆで）…………………2玉
- 卵…………………………………2個
- 焼きのり…………………………少々

使う道具

計量カップ

包丁

まな板

片手なべ

ザル

菜ばし

キッチンタイマー

イベントのおはなし

「お月見」は主に3つあり、中でも有名なのが「十五夜」です。十五夜は旧暦の8月15日のお月見のことで、今の暦では9月中旬～10月上旬になり、十五夜に見られる月（満月）が「中秋の名月」と呼ばれています。農作物の豊作祈願や収穫への感謝をこめて、団子やススキなどをそなえる習慣があります。

スタート

1 長ねぎは1mm幅の小口切りにする。

けがに注意

2 かまぼこは板をはずして5mm幅に切る。これを4枚用意し、中心をもみじの形にぬき取る。

けがに注意

板をはずすときは、立ててかまぼこと板の間に包丁を入れて切りはなします。

3

②のかまぼこと同じ幅になるように切りましょう。

にんじんは5㎜幅に切る。これを4枚用意し、もみじの形にぬく。

けがに注意

4

やけどに注意

なべにたっぷりの水(分量外)と塩を入れて強火にかけ、沸騰したら中火にしてほうれん草、もみじの形にぬいたにんじんを入れてさっとゆで、ザルにあけて水気を切る。

5

④のほうれん草の根元を切り落とし、5㎝の長さに切る。

やけどに注意

けがに注意

6

❹のにんじんを❷のかまぼこのぬき取った部分に入れる。

7

パッケージに表示された指定のゆで時間より1分早めにタイマーを設定しましょう。

なべに分量の水、白だしを入れて中火にかけ、沸騰したらうどんを入れ、菜ばしでほぐしながら指定のゆで時間でゆでる。

卵は別の容器に割り入れてから、うどんの上にそっとのせるように入れましょう。

8

❼を器に盛り、❶、❺、❻をのせ、卵を入れる。

9

のり用パンチなどでぬいた焼きのりを卵の黄身にのせて顔を作る。

のりはピンセットを使うとのせやすいです。

ハロウィンのかぼちゃグラタン

調理時間 45分

ほくほくのかぼちゃと
とろけるチーズがマッチしておいしいグラタン。
かぼちゃのオバケにしあげてハロウィンメニューに。

材料（2人分）

かぼちゃ………………… 1/4個（400g）
玉ねぎ…………………… 1/2個
バター…………………… 20g
薄力粉…………………… 大さじ2
牛乳……………………… 300cc
固形コンソメ………… 1/2個
ピザ用チーズ………… 適量

使う道具

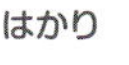
はかり

計量カップ

計量スプーン

ラップ

電子レンジ

包丁

まな板

フライパン

菜ばし

木べら

お玉

オーブントースター

〈調理の基本 6 〉
冷凍保存で作り置きOK

グラタンやクリスマスチキン（56ページ参照）は、焼きあげた状態で冷凍保存できます。一度にたくさん作って冷凍保存しておけば、食べるときに電子レンジで温め直すだけなので便利です。

イベントのおはなし

10月31日の「ハロウィン」は仮装を楽しんだり、ジャック・オー・ランタン（かぼちゃのオバケのランプ）をかざったり、子ども達が「トリック・オア・トリート（お菓子をくれなきゃイタズラするぞ）」といいながらお菓子をもらったりなど、楽しい遊びがたくさん。本来は、秋の収穫をお祝いするとともに、悪い霊を追いはらうお祭りですが、今では子ども達も楽しめるようなイベントに変わりました。

1 かぼちゃはスプーンなどで種を取り除き、ラップで包んで600Wの電子レンジで3分加熱する。

2 ラップをはずし、かぼちゃを2㎝幅に切って皮を切り落とす。

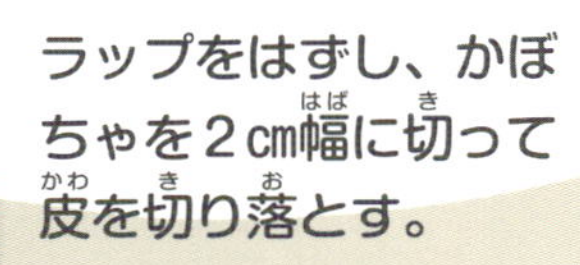

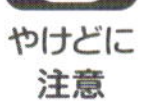

加熱したかぼちゃは熱いので、やけどに注意しましょう。

皮は最後にデコレーションで使うので残しておきましょう。

3 玉ねぎはうす切りにする。

4

フライパンにバターを入れて中火にかけ、バターがとけたら3を入れていためる。

やけどに注意

5

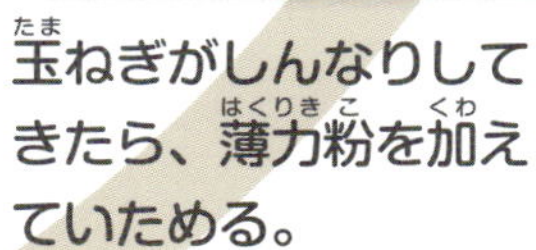
玉ねぎがしんなりしてきたら、薄力粉を加えていためる。

やけどに注意

6

5に牛乳を少しずつ加えながら混ぜる。

やけどに注意

ふつふつしてきたら、再び牛乳を少し加えます。牛乳がなくなるまでくり返しましょう。

7

6に固形コンソメを加え、とかしながら混ぜる。

やけどに注意

8

❼に❷を加え、とろとろになるまで煮こむ。

9

グラタン皿に❽を盛り、ピザ用チーズをのせ、1000Wのオーブントースターで2～3分、チーズがとけるまで焼く。

グラタン皿は耐熱性のものを使いましょう。

ゴール！

10

❷で残しておいたかぼちゃの皮を三角や棒状に切り、❾にのせて顔を作る。

お彼岸の3色おはぎ

調理時間
30分
※炊飯時間を除く

もちもちのごはんをあんこで包んだおはぎ。
きな粉や黒ごまも使ってカラフルに。
一口サイズで食べやすさもバツグン！

材料（10個分）

もち米	1合
白米	1/4合
こしあん（市販）	100g
きな粉	大さじ3
黒すりごま	大さじ3
砂糖	大さじ4

使う道具

はかり

計量スプーン

ボウル

ザル

めん棒

バット

ラップ

菜ばし

イベントのおはなし

「お彼岸」とは、国民の祝日のひとつである秋分の日（9月23日ごろで、昼と夜の長さがほぼ同じになる日）を中日とした前後3日間（合計7日間）のこと。最初の日を「彼岸の入り」、最終日を「彼岸の明け」と呼び、おはぎを食べる習慣があります。ちなみに、3月の春分の日は「春の彼岸」と呼ばれ、ぼたもちを食べます。おはぎとぼたもちは同じもので、食べる時期によって呼び名が変わります。

スタート

1 もち米と白米をボウルに入れてとぐ。

米のとぎ方は12ページで確認しましょう。

2

❶の米を炊飯釜に入れ、1合のめもりまで水をそそぎ、30分以上ひたしたら、炊飯器のスイッチをおしてたく。

やけどに
注意

たきあがったら、ごはんをボウルに移し、水でぬらしためん棒で、ねばりが出るまでつぶす。

こしあんは3等分にして丸める。

きな粉と黒すりごまをそれぞれ皿やバットなどに入れ、砂糖を大さじ2ずつ加えて混ぜる。

あんこのおはぎの場合は、ごはんの量を少なめにし、やや小さめのだ円形に丸めましょう。

❸を一口サイズのだ円形に丸める。これを10個作る。

やけどに
注意

7

あんこのおはぎを作る。ラップに④を１個のせて平らにし、⑥を１個のせてラップごと包む。同じように、あと２個作る。

ラップを使えば、手をよごさずに作れます。

8

きな粉のおはぎを作る。⑤のきな粉の皿に⑥を１個入れ、菜ばしで転がしながら全体にきな粉をまぶしつける。同じように、あと３個作る。

ゴール！

9

黒ごまのおはぎを作る。⑤の黒すりごまの皿に⑥を１個入れ、菜ばしで転がしながら全体に黒すりごまをまぶしつける。同じように、あと２個作る。

応用レシピ

手作りゆであずき

ゆであずきを手作りしてみましょう。
ゆであずきは白玉団子やあんみつに
トッピングしたり、つぶせばこしあんとしても使えます。

1. あずき300gを軽く水で洗ってなべに入れ、たっぷりの水を加えて中火にかける。

2. 沸騰したら、あずきをザルにあけてゆでこぼす（ゆで汁を捨てること）。これを2回ほどくり返す。

3. 再びなべに2のあずきと、あずきがかぶるくらいの水を入れて弱火にかけ、あくを取りながら煮る（混ぜすぎないように注意）。

4. あずきが指で簡単につぶせるくらいまで煮えたら、砂糖250g、塩少々を加え、こげないようにときどき混ぜながら、あんが木べらから落ちないくらいまで煮る（少しやわらかいぐらいがおすすめ）。

5. 火を止めてふたを取り、好みでつぶして冷ます。

冬のイベントレシピ

クリスマスチキン＆スノーマンポテト

クリスマスがさらに楽しくなる、
ジューシーな骨つきチキンと
スノーマンのマッシュポテトのセット。
パーティにもおすすめ♪

調理時間
45分
※肉のつけこみ時間を除く

材料（2人分）

●クリスマスチキン

とり手羽元	8本
塩、こしょう	各適量
Ⓐ しょうゆ	大さじ2
Ⓐ 酒	大さじ1
Ⓐ はちみつ	大さじ2
Ⓐ にんにく	1かけ

●スノーマンポテト

じゃがいも	大2個
マヨネーズ	大さじ2
焼きのり	1/4枚
コーンスナック菓子	2個
チャービルの茎	少々

いっしょに作る方法

クリスマスチキン	スノーマンポテト
	じゃがいもをゆでる
とり手羽元をタレにつけこむ	
	じゃがいもをつぶして材料を混ぜる
とり手羽元を焼く	
	スノーマンを作る
共通：皿に盛りつける	

※この順番で作ると2品を同時に作ることができます。

使う道具

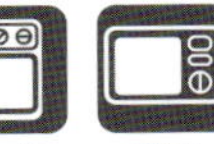

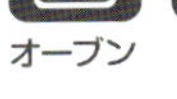

計量スプーン　バット　おろし金　保存ぶくろ　クッキングシート
オーブン　電子レンジ　ハケ　片手なべ　ボウル
めん棒

イベントのおはなし

12月25日の「クリスマス」は、キリストの誕生日をお祝いする日で、前日の24日は「クリスマス・イブ」と呼びます。12月に入ると世界中がクリスマスムードになるほどもっとも大きなイベントで、ツリーやリースをかざったり、七面鳥やケーキを食べたり、プレゼントをおくったりします。

〈調理の基本 ⑦〉
2品を同時に作るコツ

たとえば、スノーマンポテトのじゃがいもをゆでている間に、クリスマスチキンのタレを作って肉をつけこむなど、時間を有効活用することで調理時間の短縮になります。

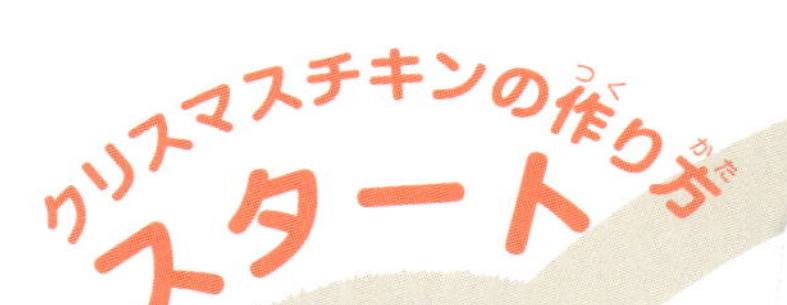

クリスマスチキンの作り方 スタート

1

とり手羽元はバットなどに並べて塩、こしょうをふり、フォークで数カ所さす。

フォークでさすことで味がしみこみやすくなります。

2

代わりに市販のチューブのすりおろしにんにくを使ってもOK。

Ⓐのにんにくはすりおろす。

けがに注意

3

ジッパーつき保存ぶくろにⒶの材料を入れる。

4

❸に❶を入れて軽くもみ、空気をぬいてふくろの口を閉じ、そのまま1時間ぐらい置いてつけこむ。

ふくろの中の空気をしっかりぬくことでおいしくしあがります。

5

❹のふくろからとり手羽元を取り出し、クッキングシートをしいた天板に並べる。

6

ふくろの中のタレをとり手羽元に少しかけ、230℃に温めたオーブンで15～20分くらい焼く。

ゴール！

7

残りのタレを電子レンジで軽く温め、焼きあがった❻にハケでぬる。

やけどに注意

手で持つ部分にアルミはくを巻くと手をよごさずに食べれます。また、マスキングテープやリボンをつけるとかわいさアップ！

スノーマンポテトの作り方
スタート

1

じゃがいもは水で洗ってなべに入れ、たっぷりの水（分量外）を加えて中火にかけ、やわらかくなるまでゆでる。

やけどに注意

2

ゆであがったら、じゃがいもの皮をむき、ボウルに入れてめん棒などでつぶす。

やけどに注意

ゆでたじゃがいもは、キッチンペーパーを使うと皮が簡単にむけます。

3

❷にマヨネーズを加えてよく混ぜ、そのまま置いて冷ます。

4

❸を丸め、大きな丸と小さな丸をそれぞれ２個ずつ作る。

5

のり用パンチなどでぬいた焼きのりを❹の小さな丸につけて顔を作る。

ゴール！

6

❹の大きな丸に❺をのせ、コーンスナック菓子をのせてチャービルの茎をさす。

節分の恵方巻き

色とりどりの具材が入った
太くて大きなサラダ巻き。
きゅうりやたくあんの食感や、
ジューシーなツナの味わいがおいしい！

調理時間
30分
※炊飯時間を除く

材料（2本分）

白ごはん	500g

※白ごはんのたき方は12ページ参照。

Ⓐ	酢	大さじ3
	砂糖	大さじ1
	塩	小さじ1/2

ツナ（缶づめ）	1缶（70g）
マヨネーズ	大さじ1
きゅうり	1/2本
魚肉ソーセージ	1/2本
たくあん	1/4本
焼きのり	2枚
カニ風味かまぼこ	12本

使う道具

はかり

計量スプーン

ボウル

しゃもじ

包丁

まな板

巻きす

イベントのおはなし

「節分」とは「季節をわける」ことを意味し、立春（2月4日ごろ）の前日である2月3日をさします。節分では、無病息災を願って豆まきをしたり、「恵方巻き」と呼ばれる太巻きを食べたりします。恵方巻きは、その年のもっともよい方角を向き、一度もしゃべらずに食べ終えることで1年を幸せにすごせるといわれています。

スタート

1 ボウルにⒶの材料を入れ、よく混ぜる。

2

別のボウルにたきたての白ごはんを入れ、1をまわし入れ、しゃもじで切るように手早く混ぜる。

やけどに注意

ごはんはたきたての方がすし酢の味がまんべんなく混ざります。ときどきうちわであおぎながら混ぜましょう。

3

ツナは汁気を切ってボウルに入れ、マヨネーズを加えて混ぜる。

4

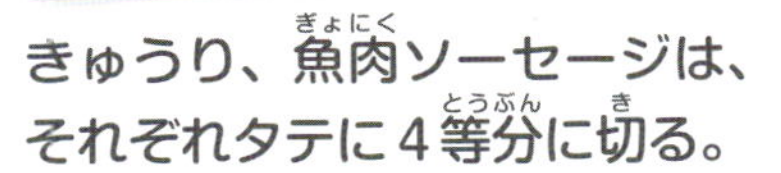

きゅうり、魚肉ソーセージは、それぞれタテに4等分に切る。

けがに注意

5

たくあんはきゅうりや魚肉ソーセージの大きさに合わせて棒状に切る。

のりはつやつやした光沢のある方を下に向けてのせましょう。

6

巻きすを広げ、焼きのりを１枚のせる。

7

のりの向こう側を1.5㎝くらい残し、❷を250gのせて広げる。

すしめしをのせたときに下ののりがうっすら見えるくらいに広げましょう。

8

すしめしの中央に❸、❹、❺、カニ風味かまぼこを半量ずつのせる。

9

❽の手前を巻きすごと持ちあげ、❼で残した1.5㎝部分に合わせて全体を一気に巻く。

両手でそれぞれ反対方向に引っ張ることで、太巻きがゆるまずにしっかり巻くことができます。

10

片手で巻きすをにぎって手前に軽く引き、反対の手で下の巻きすの端をおさえながら向こう側に引っ張る。

11

しっかり巻けたら巻きすをはずす。同じように、もう1本作る。

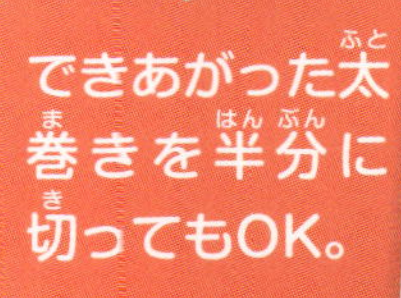

バレンタインデーのポテサラケーキ

調理時間 40分

ポテトサラダをケーキ風にデコレーション。
ハートのトマトがとってもキュート♡
家族や友達、好きな人にプレゼントしてみて♪

材料（直径15cmケーキ型１台分）

- じゃがいも……………………………大4個
- Ⓐ
  - 酢…………………………………大さじ1
  - 塩…………………………………小さじ1/2
  - こしょう……………………………少々
- 玉ねぎ…………………………………1/4個
- ロースハム……………………………4枚
- マヨネーズ……………………………大さじ4～5
- きゅうり………………………………1/2本
- ミニトマト（細長いもの）……13個
- ホールコーン（缶づめ）………適量

使う道具

計量スプーン

片手なべ

ボウル

めん棒

ゴムベラ

スライサー

ザル

包丁

まな板

ラップ

イベントのおはなし

２月14日の「バレンタインデー」は、家族や友達、恋人など、大切な人に愛を伝える日。女性から男性にチョコレートをおくる風習は、実は日本で生まれたものなのです。ほかの国では、花やメッセージカード、キャンディーなどのお菓子をおくったり、男性から女性にプレゼントをおくることもあります。

スタート

1

じゃがいもは水で洗ってなべに入れ、たっぷりの水（分量外）を加えて中火にかけ、やわらかくなるまでゆでる。

やけどに注意

ゆでたじゃがいもは、キッチンペーパーを使うと皮が簡単にむけます。

2

ゆであがったら、じゃがいもの皮をむき、ボウルに入れてめん棒などでつぶす。

やけどに注意

3

❷にⒶの材料を加えて混ぜたらそのまま置いて冷ます。

4

けがに注意

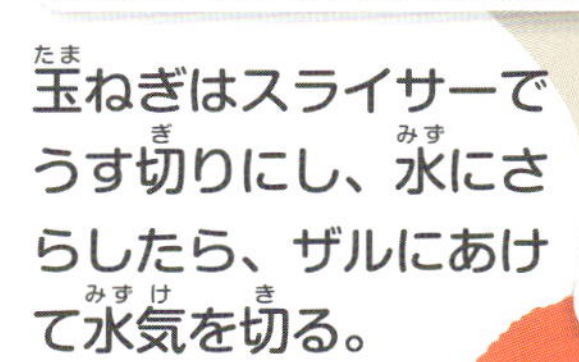

玉ねぎはスライサーでうす切りにし、水にさらしたら、ザルにあけて水気を切る。

玉ねぎは切ったあと、水にさらせば、からみがぬけて食べやすくなります。

5

けがに注意

ロースハムは８㎜角に切る。

6

❸に❹、❺を加えてよく混ぜる。

7

❻にマヨネーズを加えてさらによく混ぜる。

8

❼を丸いケーキ型に入れ、ラップをのせ、上からおさえて平らにしたら、型から取り出す。

底がぬけるタイプのケーキ型を使いましょう。また、表面を平らにするときはラップを使うのがおすすめ。

9

きゅうりはスライサーでうす切りにする。ミニトマトは半分に切ってハートの形にする。

けがに注意

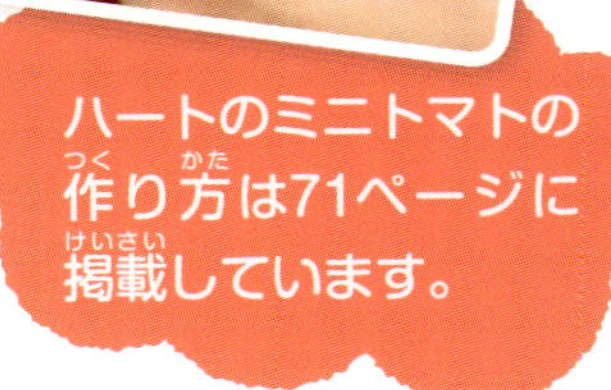

ハートのミニトマトの作り方は71ページに掲載しています。

10

❾、ホールコーンでデコレーションする。

かわいい＆楽しい デコレーションおかず

イベントレシピがさらに楽しくなる
デコレーションおかずの作り方です。
どれも簡単にできるので、
ぜひ、チャレンジしてみましょう。

うずら卵の織姫&彦星

1

焼きのりをキッチンバサミで小さい四角に切る。織姫の場合は二つ折りにして端を丸く切り落とす。

2

❶をうずら卵の上部につけ、キッチンバサミで端に２カ所切りこみを入れて折り曲げ、髪の毛を作る。

3

黒いりごまをつけて目を作る。

4

織姫の場合は桜でんぶを少しのせてほっぺたを作る。

5

星などのピックをさす。

バラのサーモン

1 スモークサーモンの端を少しだけ切り落とす。

2 端からくるくる巻いていく。

バラのハム

1 ロースハムを半分に切り、二つ折りにする。

2 端からくるくる巻いていく。

ハートのミニトマト

1 細長いミニトマトを2個用意し、写真の点線部分を参考に、それぞれ1/4部分をななめに切る。

2 ❶で切ったミニトマトの3/4部分の2切れを使い、片方の向きを逆にして切り口をくっつける。

イベントクッキー

手作りのクッキーに
アイシングやチョコレートペンでデコレーション。
イベントに合わせて形や絵を変えて楽しもう♪

調理時間
50分

材料（12個分）

卵……………………………… 1個
バター……………………………80g
砂糖………………………………80g
薄力粉…………………………200g
粉砂糖…………………………140g
チョコレートペン（市販・好みの色）
……………………………………適量

使う道具

はかり

ボウル

電子レンジ

泡立て器

粉ふるい

ゴムベラ

クッキングシート

めん棒

オーブン

バット

アレンジのアイデア

お花見なら桜、七夕なら星、ハロウィンならかぼちゃやオバケ、クリスマスならツリーやくつ下、バレンタインデーならハートなど、イベントにちなんだ形のぬき型を使ってみましょう。アイシングやチョコレートペンで絵や文字をえがくと、さらにイベントらしいスイーツになります。

1 卵は卵黄と卵白にわける。

卵にひびを入れ、からを2つに割ったら、卵黄をからで交互にすくいながら、卵白だけをボウルに落とすようにします。

2

バターを耐熱容器に入れ、ラップをして600Wの電子レンジで50秒加熱してとかす。

3

②をボウルに移し、砂糖を加えて泡立て器でよく混ぜる。

4

③に①の卵黄を加えてさらによく混ぜる。

粉ふるいがなければ、ザルを使ってもOK。

5

薄力粉をふるいながら④に加え、生地がひとまとまりになるまでゴムベラで混ぜる。

6

クッキングシートに
5をのせて平らにしたら、シートの両端を折りたたんで生地をはさむ。

7

クッキングシートではさんだまま、6をめん棒で4㎜くらいの厚さにのばす。

残った生地は再びひとまとめにしてクッキングシートではさみ、めん棒でのばして好みの形にぬくことでむだなく作れます。生地がなくなるまでくり返しましょう。

8

クッキングシートをはずし、好みの形にぬく。

9

天板にのりきれなかった生地は、クッキングシートをしいたバットなどに並べて焼くまで冷蔵庫に入れておきましょう。

クッキングシートをしいた天板に、好みの形にぬいた生地を並べ、170℃に温めたオーブンで15～18分焼く。

10 焼きあがったらそのまま置いて冷ます。

やけどに注意

11 アイシングを作る。ボウルに**1**の卵白を半量入れ、粉砂糖を少しずつ加えながら混ぜる。

すくいあげたときに、ゆっくり落ちるくらいまで混ぜます。

アイシングに色をつけたい場合は、食紅などを少量混ぜましょう。

ゴール！

12 **10**に**11**をぬり、チョコレートペンで好みの絵や文字をえがく。

アイスで作る簡単ムース

アイスクリームを使って
ひんやり冷たいムースを作ってみよう♪
ここでは、抹茶ムースの作り方を紹介。

調理時間
15分

材料（4人分）

アイスクリーム（抹茶味・カップのもの）… 200g
粉ゼラチン……………………………… 5g
水………………………………………… 大さじ1
牛乳……………………………………… 100cc
ゆであずき（缶づめ）………………… 適量
※手作りのものでもOK（55ページ参照）。
アラザン（星型のものなど）………… 適量

使う道具

はかり

計量カップ

計量スプーン

ボウル

ゴムベラ

片手なべ

泡立て器

お玉

アレンジのアイデア

抹茶ムースにあずきと星型のアラザンをトッピングすれば七夕向けに。抹茶アイスをストロベリーやチョコチップ入りのアイスに代えてもOK。ストロベリームースにいちごと生クリームをトッピングすればクリスマス向けに、チョコムースに生クリームとハートのお菓子をトッピングすればバレンタインデー向けになります。

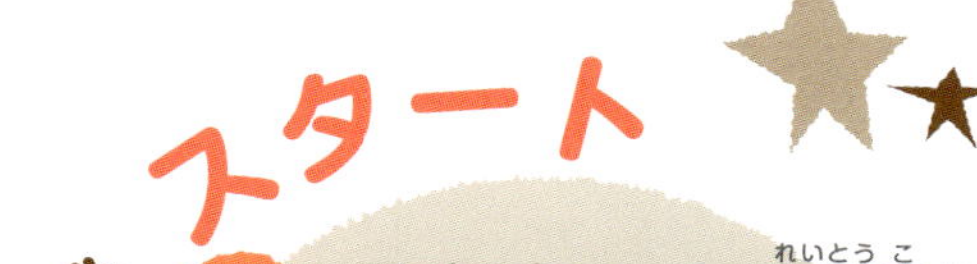

1 アイスクリームは冷凍庫から出して常温に置き、やわらかくなったらボウルに移し、ゴムベラでほぐす。

「しとらせる」とは、粉ゼラチンに水を吸わせてしっとりした状態にすること。

2

別のボウルに粉ゼラチンを入れ、分量の水を加えてしとらせる。

③

なべに牛乳を入れ、中火にかけて温める。

やけどに注意

④

③が沸騰する前に火を止めてコンロから下ろし、②を加えてゼラチンをとかす。

やけどに注意

⑤

①に④を加え、泡立て器でなめらかになるまで混ぜる。

⑥

カップなどに⑤を入れ、冷蔵庫で冷やし固める。

ゴール！

⑦

⑥が固まったら、ゆであずき、アラザンをトッピングする。

staff
編集　丸山千晶（スタンダードスタジオ）
撮影　シロクマフォート
デザイン　遠藤亜由美
調理アシスタント　園本愛美　半場裕美　園本琴子
進行管理　高橋栄造

この本に関する問い合わせ先
株式会社スタンダードスタジオ
TEL：03-5825-2285

大瀬由生子

（おおせゆうこ）
料理研究家、テーブルコーディネーター、フードコーディネーター。大学や企業、カルチャーセンターなどの講師の他、イタリアレストラン「コメ・スタ」の企画室長として商品開発、イベントなどで活躍。最近では、一般社団法人日本糀文化協会を設立し、理事長として糀の発酵文化の発展・普及を目的に講座・講演などで活動中。発酵・食育・野菜を中心に、体が喜ぶこと、心豊かな暮らしを提案している。主な著書に『10歳からのお料理教室』（日東書院）『男の弁当手帖』（辰巳出版）『はじめてのお料理レッスン』（西東社）『365日、醸す暮らし 糀ことはじめ』（ジャパンライフデザインブックス）『友チョコ＆友スイーツ手作りレシピ』（主婦の友社）他多数。

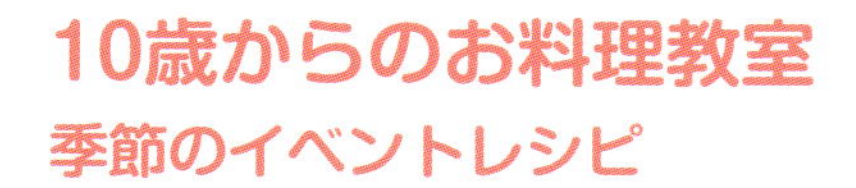
10歳からのお料理教室
季節のイベントレシピ

2016年８月１日　初版第１刷発行

著　者　大瀬由生子
発行者　穂谷竹俊
発行所　株式会社日東書院本社
〒160-0022
東京都新宿区新宿2-15-14 辰巳ビル
TEL：03-5360-7522（代表）
FAX：03-5360-8951（販売部）
URL：http://www.TG-NET.co.jp
印刷所　凸版印刷株式会社
製本所　株式会社セイコーバインダリー

ISBN978-4-528-02118-1　C2077